文史哲詩叢12

方塊舞

藍雲著

文史哲出版社印行

國立中央圖書館出版品預行編目資料

方塊舞 / 藍雲著. -- 初版. -- 臺北市 : 文史哲, 民83
面 ; 公分. -- (文史哲詩叢 ; 12)
ISBN 957-547-883-5(平裝)

851.486 83007840

文史哲詩叢 ⑫

方塊舞

著者：藍雲
出版者：文史哲出版社
登記證字號：行政院新聞局局版臺業字五三三七號
發行人：彭正雄
發行所：文史哲出版社
印刷者：文史哲出版社
台北市羅斯福路一段七十二巷四號
郵撥〇五一二八八一二彭正雄帳戶
電話：三五一一〇二八
實價新台幣二八〇元
中華民國八十三年八月初版

ISBN 957-547-883-5

溫柔敦厚的詩人與詩

——藍雲的十六行詩集「方塊舞」序

‧墨人

有幸先讀藍雲的新詩集「方塊舞」。

「方塊舞」共選輯了他自一九五六年七月至一九九四年二月的作品一百首，時間前後近四十年，對於一位詩人來說，這是一段相當長的時間。短命詩人楊喚，一生還不到三十年時間。很多人可能想不到，藍雲的詩齡已長達三十八年了。如果一個耐不住寂寞、沒有恒心的人，老早就放棄創作，另走名利雙收的大路了。在一個工商業社會，講究的是投資報酬高，回收快，而文學在這種工商業社會，卻是賠本甚至賠老命的行業，詩與工商業社會，更找不到一個共同立足點，藍雲卻孤獨地走了下來，沒有被時間淹沒，實在很不容易。而且在他這一百首作品中，我還發現他在詩的形式上，作了很大的努力，即不論任何題材的作品，他都寫成十六行，而且是四段四行，在視覺上有一種整齊美，但不是豆腐乾式的，在文字的組合方面，又有相當大的彈性，又各有各的節奏和韻律，自然產生了一種和諧。但這需要相當大的耐性和時間來完成的。

這本詩集的另一大特點是詩如其人：溫柔敦厚。不論是任何題材的詩，即使是諷刺詩，仍不失其溫柔敦厚。不見橫眉怒目，更不見尖酸刻薄，處處表現一種內心的善意、容忍、寬厚、謔而不虐，這種詩風在今天是不多見的。是失之已久的傳統，即以「達爾文的信徒」這首詩來說，作者雖然慨嘆今天的人類社會道德淪喪，父不父，子不子，殺人分屍，人與禽獸沒有什麼分別，最後他也只是「不禁喟然歎息」：「唉！我服了你，達爾文。」這似乎不合乎今天讀者的極端口胃，但這就是詩人藍雲。

其他可以表現藍雲的思想、性格的詩很多，如「牆與橋」、「雲語」、「」、「時光劫」、「植物園的鳥說」、「路」、「極」、「泡沫」、「仿冒品」、「候鳥」等等，不但可以使讀者明確地認識藍雲，讀者也可以看出這都是好作品。而「新儒林外史」這首詩，對於今天的高級知識分子的心態和形象，又掌握得相當準確，富有時代意義與代表性，因此我特別引錄如后：

新儒林外史

・卷一

自從有了第二天賦
懂得拾人牙慧後
他便不再是原來的他
儼然成了暴發戶

・卷二

他裝飾了滿室的華麗
更仿製了許多面具
周旋於那人鬼之間
他比誰都會演戲

・卷三

沒有人能讓他瞧在眼裏
當他踱著那鵝步
一腳踮住了別人的脖子

一面卻矜誇他的仁慈

．卷四

他沒有憾事
但恨不是金髮碧眼高鼻子
休問他根在何處
他魂牽夢縈的已非故里

「儒林外史」是清朝吳敬梓著作的一部專寫儒林士子的長篇小說，對於當時的秀才、舉人、進士、翰林的心態和嘴臉，刻畫得入木三分。而今天的「舉人」、「進士」，較之前清則有過之而無不及，只是小說家還沒有寫出「新儒林外史」，但是藍雲卻寫下了這首詩。藍雲是不是「新儒林外史」中的人物呢？絕對不是，他在「秋水」七十九期發表的「信筆璅語錄」第二十三條說：「一般人可以作兩面人，詩人必須表裏如一。否則，就不是眞正的詩人。」藍雲是表裏如一的詩人。讀其詩如見其人。今天的千面人不少，豈止兩面人？

方塊舞（代自序）

非迪斯可
非探戈
凡翩翩婆娑者
無不婀娜
是風砌的城
是生活的花朵
中規中矩
不是枷鎖

或前或後
或右或左
一旋一轉間
有若閃閃四射的火
時而快步，時而曳行
伴著音樂的抑揚頓挫
縱不足以娛人
也能自得其樂

方塊舞

目次

溫柔敦厚的詩人與詩……墨 人……一
方塊舞（代自序）……五
輯一 早晨與黃昏（一九五六——一九八〇）
牆與橋……二
山間月……四
秋野漫步……六
走廊……八
安魂曲……一〇
早晨與黃昏……一二

所以，我來了……一四
海上遐思……一六
因爲有你在我的心上……一八
新儒林外史……二〇
凹凸鏡……二二
心祭……二四
遙祭母親……二六

輯二　梅雨吟（一九八三——一九八四）

鑄……三〇
霧……三二
剖……三四
燈……三六
山……三八
星……四〇
蛻……四二

號角……四四
地圖……四六
燈塔……四八
曇花……五〇
日出……五二
嚮往……五四
鐵樹……五六
雲語……五八
黎明……六〇
仙人掌……六二
清道夫……六四
葉與根……六六
賞花圖……六八
梅雨吟……七〇
園丁頌……七二

西門町……七四
金陽下……七六
迷失的夢囈……七八
小陽春……八〇
殯儀館……八二
忠烈祠……八四
鐵軌與蝴蝶……八六
鹽田即景……八八
礦場一角……九〇

輯三　時光劫（一九八五——一九八九）

弔屈原……九四
錯置的角色……九六
早晨的公園……九八
巍峨……一〇〇
博物館……一〇二

植物園的鳥說……一〇四
遙望汨羅江……一〇六
達爾文的信徒……一〇八
荒謬英雄……一一〇
門……一一二
林場行……一一四
夢返洞庭……一一六
失去武器的戰士……一一八
農莊素描……一二〇
漁港晚眺……一二二
都市一瞥……一二四
寂寞黃昏時……一二六
獵人……一二八
時光劫……一三〇
路……一三二

輯四　路與樹（一九九〇——一九九一）

歲月……一三六
極……一三八
泡沫……一四〇
路與樹……一四二
獨坐……一四四
老花眼鏡……一四六
防風林……一四八
大鵬振翼（返鄉詩鈔之一）……一五〇
京廣道上（返鄉詩鈔之二）……一五二
上墳（返鄉詩鈔之三）……一五四
重遊岳陽樓（返鄉詩鈔之四）……一五六
履痕……一五八
故事……一六〇
落地生根……一六二

仿冒品……一六四
鐵與水……一六六
採茶女……一六八
野玫瑰的側像……一七〇
登大霸尖山……一七二
輯五 一棵樹的塑像（一九九二──）
一棵樹的塑像……一七六
觀戲……一七八
動物園……一八〇
自閉症患者……一八二
精神分裂症患者……一八四
候鳥……一八六
車過華江橋……一八八
心獄……一九〇
寂寞，不要怕……一九二

回憶……………………………………………………一九四
拔河者之歌…………………………………………一九六
登樓賦………………………………………………一九八
三月的雨……………………………………………二〇〇
故宮行………………………………………………二〇二
鷹……………………………………………………二〇四
歲末心情……………………………………………二〇六
走在故鄉的路上……………………………………二〇八

附錄

劉炳彝的奇蹟……………………………墨人……二一一
不求聞達的詩人——藍雲…………………張朗……二一七
後記…………………………………………………二三九

輯一　早晨與黃昏

牆與橋

世界上有無數的牆
阻隔了人們情感的交流
世界上也有無數的橋
牽起了人們友愛的手

牆是冷酷醜惡的獄卒
將人囿於黑暗狹隘的深谷
橋是和平自由的使者
引人走向光明遼闊的天地

但願一天世界上的牆都被撤去
大地如一座敞開的花園
而且搭彩色的拱橋於天空
讓我們把所有的星球遊遍

而最後，我則還要祈求慈愛的上帝
造一道長橋於人類的心靈間
使我們生活得如同家人
永遠不再有猜疑、嫌怨

——一九五六・七・埔里

山間月

兩岸的山如古宮的牆
這裏有著亙古的幽邃
你像一位飄逸的仙子
輕輕地款步而來
白玉的顏面
淡雅的姿彩
你寂寞而遠離塵囂的靈魂
流露著晶瑩高潔的光輝

－5－　山間月

隱立在銀霧中的山峰
顯得分外的迷離可愛
他在那兒頻頻微笑
可是你們神秘的幽會

一切都已進入溫柔的夢境
祇有我在默默地徘徊
望著自己孑然的身影
我不禁有了淡淡的悲哀

——一九五六・九・埔里

秋野漫步

昨天，我漫步到一處樹林中
看見一地黃葉凋零
彷彿一具具偃臥的屍體
令人不禁怵目心驚

面對這景象，我沈思復沈思
想到此地一定有過殘酷的戰爭
但不知這些落葉是敗於命運之神
抑或另一個暴虐的煞星

後來，我朝另一個方向走去
經過那荒涼的小徑
發現一株精神抖擻的雛菊
竟然無視於秋風犯境

我正訝異於那雛菊的存在
她卻以不畏寒霜的神情
宣示她如何不向惡勢力屈服
如何以其堅強的鬥志獲勝

——一九六二・十一・埔里初稿
一九九一・九・板橋修定

走廊

光與影的展覽
印象派的傑作
陳列在這裏的牆上 地上
每一處走廊如畫廊般堪玩索
你可以在這裏仔細地欣賞
請把腳步放慢些 切莫
匆匆走過後
始悔此行無所獲

－9－ 走廊

這是一個縮影的宇宙
整個世界打這裏經過
白晝：有小河的紛擾
夜晚：如山谷的寂寞

你這偶而來此的過客
可曾發現要尋找的什麼
而你此去何處
是黑暗的地獄抑光明的天國

——一九六一．四．石牌初稿
一九九一．三．板橋修定

安魂曲

大地，我的母親
我終於回來了
讓我再回到從前的搖籃裏
你就輕輕地搖我入夢吧
我好睏啊！母親
因我跋涉太多的路
我的脚已宣告罷工
現在就讓我躺在你的懷裏休息吧

像水上的浮萍
我曾到處飄泊
沒有一處是我安息的地方
沒有一處是我真正的家

現在，我終於回來了
像浪子終於回到家裏
我原是不能離開你的啊
我自你而出，仍將歸於你

——一九六七・六・台中

早晨與黃昏

早晨與黃昏
鐘錶面上的長針與短針
描繪出你和我
以及我們的人生

在早晨
我們似露珠般的晶瑩
至黃昏
我們是碾碎了的灰塵

- 13 - 早晨與黃昏

如果早晨不是一瞬
黃昏之後不是黑暗的陷阱
我們便無須逃避
也無須追尋

而此刻鞭策我們的長針與短針
逼著我們必須逃避，必須追尋
必須在一瞬的激流中
捕獲那璀璨的永恆

——一九六八・十・台北

所以，我來了

所以，我來了
當你心中的靈犀在呼喚
我便乘著風的翅膀
悄悄來到了你的身畔

許是不堪思念的負荷
你的眼神滿含幽怨
當我驀然出現在你面前時
你又驚又嗔，更帶幾分欣歡

從此我們始悉何謂連理枝
你成了我，我成了你的一半
在這世界上，你我別無所求
但求我們擁有一個永恆的圓

縱然有時我們會分離
但不論離你近或遠
像月亮環繞地球
我將恆繞著你轉

——一九七〇・七・台北

海上遐思

在這喧騰的海上
我找不到自己的影子
我很迷茫
且破碎

有夢悠然而起
如一白鷗振翼
自那密密的蘆葦叢中
欲將失落的自己尋覓

啊！尋覓
我所尋覓的在何處？
明天，也許我會去那寧靜的湖濱
讓疲憊的靈魂獲得喘息

在那裏，我將沐浴三次
洗盡一切塵垢與俗慮
澄明的湖中
有我的影子映立

——一九七〇．九．台北

因爲有你在我的心上

塑你的像於我的心上
雖然你似夢，似遠天的霞光
當我走向你時
你便成了無盡的寶藏

赤貧如我，除了
一身不合時宜的衣裳
一雙歷盡滄桑的鞋子
並無可以炫人的家當

而你純良如天使
非但不嫌我寒傖
沒有擯棄我於千里之外
且給我無比的温暖與希望

於是，我不再憚於跋涉萬水千山
去到任何荒僻冷寒的地方
我都不會覺得孤單
因為有你在我的心上

——一九七一·三·台北

新儒林外史

・卷一

自從有了第二天賦
懂得拾人牙慧後
他便不再是原來的他
儼然成了一暴發户

・卷二

他裝飾了滿室的華麗
更仿製了許多面具
周旋於那人鬼之間
他比誰都會演戲

·卷三

沒有人能讓他瞧在眼裏
當他踱著那鵝步
一腳踩住了別人的脖子
一面卻矜誇他的仁慈

·卷四

他沒有憾事
但恨不是金髮碧眼高鼻子
休問他根在何處
他魂牽夢縈的已非故里

——一九七七·四·板橋

凹凸鏡

——童玩展覽會場速寫

時光倒流，
在這小小的會場裏；
許多人來到這陌生而又熟稔的世界，
見到了他們昔日的自己。

抽陀螺，跳房子；
鐵線鳥兒、紙飛機；
椰葉蝗蟲、江米人；
滿眼盡是趣味橫溢。

這邊，一位滿頭銀絲的老婦人，
竭力在讓一片竹葉變成小雞；
那邊，一臉風霜的男子，
卻跌入了深沉的回憶。

「昔日的那些玩伴不知在何處？」
他似在喟然歎息：
「曾是玩泥玩沙的小手，
如今在玩什麼遊戲？」

——一九七九・四・八・板橋

心祭

——驚聞 父親辭世而作

三十年的睽違
多少思念的淚
正欣然於重逢有日
竟忽地晴天一聲雷

據說在您走之前
猶在倚閭望兒歸
我何嘗不想歸去啊
祇是我有翅難飛

雖然我無時或忘
您褓抱提攜的恩惠
而我不但未盡反哺心
弔臨都不曾，該是何等的罪

此刻，椎心泣血
豈能形容我的傷悲
我對您無盡的追慕啊
淼漫一若台灣海峽的水

——一九八〇·十·廿七·板橋

附記：我自一九四九年離開家中來到台灣後，因時局突轉，即與家人失去聯絡，直至一九八〇年，始獲自妹妹輾轉捎來的信中，得悉父母尚在（實則母親已先一年去世，妹恐我驟聞母喪不勝悲，故瞞之），我立即去信，並附上我在台之全家照片，父親看了，甚喜，以爲我們不久即可見面。詎料未幾，即傳來父親謝世之噩耗，實慟甚！爰作此詩，以誌永念。

遙祭母親

離家前夕的話別
是一幅永不褪色的畫面
當我輕啓回憶之窗
便歷歷展現在我的眼前

更有那昔日伴我夜讀的情景
不時複印在我的心田
天寒喚我加衣，病時殷殷的垂詢
猶依稀縈繞在我的耳邊

可是啊！母親，您現在那裏
我多麼想再一睹您的慈顏
如果能讓我承歡膝下
我願學老萊子一樣的表演
可是啊！當我得知您因思兒成疾
不待我歸去，便離開了這人間
我的心頓如撕裂了一般的痛楚
不知該如何向您訴說我的罪愆
——一九八〇・十・廿九・板橋

輯二　梅雨吟

鑄

為了證明自己不是禾稭
就要敢於接受火的洗禮
倘使禁不起火的考驗
便衹有被棄在灰燼裏

當你投身於這大時代的洪爐
就要有接受一切磨鍊的勇氣
無論你是金、銀、銅、鐵、錫
都應讓自己成為有用之器

鑄

昔日的散漫、頹唐
將在烈火中融化得無遺
然後讓那些不被融化的
冷凝而成一堅實煥發的形體

當你成了那劍或那鼎
就不再擔心為人們所遺棄
且會冠上一個不朽的名字
而被永遠寶愛珍惜

——一九八三・六・板橋

霧

一個企圖稱霸天下的野心家
想用那網
網住星星和太陽
也網住所有的城市與村莊

在那席卷一切的網中
竟闃然無人抵抗
只見樹也朦朧，山也朦朧
天地間，一片迷茫

- 33 - 霧

在這漫天大霧中
有人迷失了方向
有人在長吁短歎
以為從此看不到陽光

但我們依然朝著目標邁進
一如那永不屈服的太陽
我們深信無論那霧多囂張
終將在冉冉上升的陽光下滅亡

——一九八三・六・板橋

剖

母親，我所愛的祖國啊
我將永遠跟著你走
走過那些平坦與坎坷
從垂髫到白首

有人隨風四散去
在你餵飽他之後
有人藉詞離棄你
說你多病而且醜

但是，我的母親啊
我將永遠在你左右
不論你給我的是什麼
我都毫無怨尤

而我的一切早已獻給你
雖則，現在除了幾根骨頭
一顆赤熱如初的心
我已別無所有

——一九八三・六・板橋

燈

夜在那裏，你就在那裏
一個誓與夜纏鬥的人
那黑色的魔掌征服了一切
卻無法教你屈服稱臣

不須與太陽爭光輝
因為太陽也有所不能
有時候，有些地方
你比太陽更受歡迎

- 37 - 燈

在一片黑暗中
你是光明的象徵
在眾人皆醉時
你卻保持清醒

沒有咒詛，祇有讚美
你給所有的人以温馨
但願每一個人心中
都有一盞像你這樣的燈

——一九八三・六・板橋

山

也曾似浪，也曾似雲
而今，禪定如斯
一臉的凝重肅穆
誰知你的心思

當你探首天際
欲究生命何所似
似有聲音告訴你
應如大海無涯涘

因此，你接納了所有的草木砂石
鳥獸蟲類也一任其放肆
樵夫獵人皆自你獲得他們所要的
你的胸懷何其仁愛而無私

而你始終默默注視一切
看萬物的生生死死
縱使滄海成桑田
你卻永遠屹立於斯

——一九八三・六・板橋

星

有一顆星
一直亮在我的前面
不論白晝或黑夜
都在我的心中灼灼然
他曾被囚於泥土的深層
經過諸般烈火的鍛鍊
只因執著那永不屈服的意志
終於燦然在天

當那些苦難與黑暗湧向我時
我就看到了那顆星的光線
像一隻溫暖而有力的手
一步步引導我向前

也許若干年後
一個跋涉在荒野的人看見
我留在那裏的腳印，說
啊！已有人走在我之先

——一九八三・六・板橋

蜕

——致脫難作家無名氏

是鳥，豈甘困於那籠
不滅的火種在心中
回首處，且抬頭
是夢，亦非夢

朝春天的方向舉步
越過關山重重
當你發覺自己已然蟬蜕
於是，痛飲在三萬呎的高空

不曾毀於煉獄的劫難
不再是陰影下的小蟲
若雲，若風
展翼而飛乃成鵬

駐足於這常春島上
目睹了耀眼的萬紫千紅
你的心啊！你的筆
都將擁有一個更璀璨的夢

——一九八三・七・板橋

號角

你恆沉默
祇為了在必要時出聲
你一出聲
必將所有的耳朵喚醒

你不裝腔作勢
不像那愛哭泣的梵啞鈴
你不接受敲打
不是那甘於被虐待的人

號角

你很單純
胸無城府而心地光明
你不曾詐
明言直說是你的個性
當黎明來臨時
你就像那報曉的雞鳴
在你的號令下
我們必抖擻精神前進

——一九八三・七・板橋

地圖

當鄉愁潮漲的時候
我常藉地圖來解愁
遊目處：那些山，那些河
就迤迤邐邐來到了我的案頭

這裏是我兒時生長的地方
那裏有我曾經登臨的古城樓
多少歲月逝去無蹤影
歷歷在目的竟是洞庭湖上秋

忽然，我眼前的地圖像一張魔毯
載著我做了一次故國遊
可是，那曾與我同遊的故人啊
我們何時方能重聚首

於是，我墜入沉思中，久久地
不禁一陣悲痛湧上心頭
淚眼朦朧中，我像看到了
那不停地向我揮動的手

——一九八三・七・九・板橋初稿
一九九〇・四・三・修訂

燈塔

你不想擠在繁華的都城裏湊熱鬧
不願沈醉於室內的温馨安詳
你遠離了那些衣香鬢影
寂寞地佇立在海濱山上

你知道有人在海上航行
當夜色籠罩時會找不到方向
他們需要有人指引
前往他們所要去的地方

- 49 - 燈塔

面對著驚濤駭浪
不論雨暴風狂
你都不曾膽怯畏縮
永遠勇敢地散發著你的光芒

在這茫茫的人海上
常常有人迷航
有誰啊！能保持一分孤獨的清醒
為芸芸眾生指點迷津，像你一樣

——一九八三・七・板橋

曇花

暮色沈沈
你獨勃勃
四周皆黑
你獨白

白給天上的群星看
看你如何與夜肉搏
生命原是一種犧牲
在犧牲中實現自我

曇花

不必哀傷自己
祇是瞬息即逝的花朵
在無窮的宇宙中
有誰不是電光石火

你已獻出你自己
證明你並非沒有活過
生命不在久暫
一如詩不在字多

——一九八三・七・板橋

日出

人們注視你，像英雄
讀著你，如同一首詩
當你自重重的夜幕中突圍出來
自那海上或山頭出現時

你帶來的不僅是一片驚喜
讓所有被囚在夜之地窖中的頓獲開釋
那些飽受了黑暗欺壓的迎接你
就像迎接那預言中的救主降世

於是，你昂首前進
以君臨萬邦的姿勢
那猖狂的黑夜如冰之遇見火焰
已悄悄地自你面前消失

而你並非祇為驅逐夜而來
你來，為了要完成更多的事
你要讓花兒香，禾兒長
要為人間再寫一頁新的歷史

——一九八三・七・板橋

嚮往

一種什麼樣的山水
常在我夢中蹁躚
像昔日的戀人
竟如此糾纏我的思念

一種什麼樣的聲音
常在我耳畔呼喚
一顆不羈的心啊
像急奔而去的箭

不是我不知道席夢思的柔軟舒適
而是更愛那「平沙列萬幕」的畫面
不是我不喜歡室內的溫暖
而是要去接受風雨的考驗

讓我奔向那久已嚮往的天地吧
奔向那橫戈躍馬的前線
讓我抖擻精神前進吧
前去迎接那燦爛的明天

——一九八三・七・板橋

鐵樹

將一切擰斷
擰斷了那些虛偽的笑容
你是一個厭惡浮華的人
不喜歡那些粉飾的面孔

你怡然佇立於此
不理會風的嘲弄
無視那些飛向你
旋即又離去的春　夏　秋　冬

- 57 - 鐵樹

你並非不花不果
祇是不尚虛榮
不願與人爭妍
而默默地播種
當你以千眼千手
向冥冥的無窮
探索復探索
你竟發現自己活在一則寓言中

——一九八三·七·板橋

雲語

不要以為我很瀟灑
我的心中也有壘塊如山
往往在孤獨的時候
就像那無處可以泊岸的船

不要以為我很自由
我也有苦無依傍之感
像那找不到歸巢的鳥
週而復始地在空中盤旋

不要說我愛流浪
我一直在尋找那理想的家園
祇是這天地太窄，而且到處有狼煙
不知什麼時候我的理想才能實現

不要說我愛流淚
當我看到那些淒涼的畫面
我不是一個冷漠的人啊
怎能不感動而泫然

——一九八三・七・板橋

黎明

黑夜開始潰退
天邊露出了一線光明
晨風陣陣吹來
許多人已經惡夢初醒

在黎明將來前
也許天會更暗，路更難行
我們必須在朝陽升起之前
繼續趕那未竟的路程

讓那些貓頭鷹自説自話吧
他們的詖辭詭語不屑去聽
我們要聽的是
那使人精神振奮的雞鳴
啊！弟兄們！快整隊集合
讓我們以無比激越的歌聲
邁著齊一的步伐
去迎接那新時代的來臨
——一九八三·七·板橋

仙人掌

讓他們去說那些無聊的話吧
說什麼你不解風情
不懂得享受蝴蝶的溫存
不知道讓蜜蜂唱歌給你聽

其實，誰又懂得你呢
懂得你何以這樣喜歡沈靜
何以不需葉蔭
而表現得如此傲骨嶙峋

仙人掌

你全身皆刺，許是為了保護自己
一種不願被攀折的自尊
雖然你綻放的花朵甚美
卻不願以之取悅於人

你似乎沒有什麼慾望
生活恬靜而單純
即使在貧瘠的沙漠裏
群花斂足，你也依然滿懷歡欣

——一九八三・七・板橋

清道夫

你並非屠狗逐臭之徒
祇是要把那些垃圾弄走
無論是紙屑、果皮
抑或斷枝落葉爛木頭

你不須趕路
卻常望著地上發愁
尤其是在那野臺戲演完
或一場暴風雨之後

- 65 -　清道夫

世界上有很多地方要清掃
因此，你的工作永無止休
掃完一條條的道路
還有一條條的水溝

而歷史上也有許多垃圾
有的已經隨水流走
有的還在那裏發臭
你是不是也要去把他們運走

——一九八三・七・板橋

葉與根

一樹濃蔭
繫於一根
有根，才會枝繁葉茂
沒有根，就得不著養分
也許，葉會飄零枝被斫
而根卻不能被毀損
祇要根仍在
枯萎的枝葉終將煥然一新

- 67 -　葉與根

有一棵參天的古樹
已經歷數千年而猶存
在狂風暴雨中依然屹立如恆
因為它盤根錯節深千仞

我們都是這樹上的枝葉
它的命運就是我們的命運
即或有一天我們會凋謝
也要化而為泥遮護它的根

——一九八三・七・板橋

賞花圖

何處山無花
何處花不艷
唯獨陽明山的花特多
陽明山上的花兒看不厭

一波一波的車陣人潮
向著山中不斷地湧現
驅走了那盤踞已久的靜
帶來一山笑語喧闐

這時，花兒也不甘示弱
一個個在那裏爭奇鬥妍
杜鵑、櫻花，雖然難分高下
卻博得了賞花人的頻頻稱羨

這是一個人與花共歡樂的季節
有人賞完花，就在那裏野宴
有人與會淋漓地在高歌
歌的正是「天上人間」
——一九八三・七・板橋

梅雨吟

你纏綿如許
以楊柳風的温存
輕輕柔柔地似在説
你曾是我夢中的情人

春日去時
梅子長成花落盡
你悒悒然走來
是否那去而復返的花魂

不必對我訴說那些往事
我的心裏正鬱悶
如果是在江南
也許我會喜見陌頭枝上新

而現在，你為我帶來
一室的潮濕，竟似我的心
我不知該惱你
抑或覺得你可親

——一九八三・七・板橋

園丁頌

做一個培育幼苗的園丁
是你久久以來就有的夢
你不厭不倦地耕耘灌溉
工作的辛勤一如那老農

面對那些天真無邪的面孔
你的臉上常常堆滿了笑容
看著那些幼苗一天天地茁壯
你的快樂勝過百萬富翁

而你知道自己責任重大
國家的前途就掌握在你手中
那些幼苗將來能不能蔚為國用
就看你今天如何在他們心中播種

但願在你悉心的培育下
那些幼苗不僅欣欣向榮
且因你的循循善誘
將來都能為梁為棟

——一九八三・七・板橋

西門町

熙來攘往的人潮
滿眼滿街的色彩繽紛
恰似一個大蜂窩
無數的蜂兒在出出進進

這是讓人滿足感覺器官的地方
因此，歌廳影院裏擠滿了各色人等
酒樓飯店也都座無虛席
而那些百貨公司，更是百般引人

也許你一踏入這裏
就已聞到那浮靡的氣氛
尤其是入夜後的霓虹燈
不消魂也令人消魂

許多人來到這裏就迷失了
他們隨波而浮沉
但你不要忘了自己要走的路啊
不要忘記天邊那欲來未來的烏雲

——一九八三・七・板橋

金陽下

我們的天空並非常晴
偶而也會有一些烏雲
打我們頭上經過
散布令人愁悶的陰影

但我們深信太陽並未背棄我們
不論有多厚的雲層
我們依然在不停地耕耘
依然心向太陽，歌頌光明

當金色的陽光出現在我們眼前
到處洋溢著歡樂的歌聲
無論是城市、鄉村
都呈現出一片欣欣向榮的美景
我們馳騁在金色的陽光下
常常會看到昨夜的夢——
那些夢中的花朵
已經變成串串果實在我們手中

——一九八三・七・板橋

迷失的夢囈

夢季。躍自那繭
你，不再是你
回首，那蛇衣
已然成泥

風，猶在東西南北地吹著
吹著你繁花似的夢
向西？抑東
忽覺自已的夢太錯綜

於是，你頓然如罹絶症
所有的路都成了死胡同
這世界不再是海闊天空
你竟來到了一座怎麼走也走不出的迷宮

於是，你將自己交給戴奧尼斯
也不問明日酒醒何處
你喃喃囈語著：朽或不朽
誰也做不了誰的主

——一九八三・八・板橋

小陽春

——五十初度

世界是如此平靜
鼓聲似有若無
回首煙霞爛漫
曾是黯然落淚處

一切是這樣美好
兵強馬壯糧足
天氣不冷不熱
正適合去趕未完的路

- 81 -　小陽春

跋山涉水尋常事
嘗盡多少酸甜苦
如何面對不測的命運
也已經胸有成竹

百歲途中方逾半
一路楓紅菊黃禾黍熱
人生難得如此小陽春
豈可讓它等閒度

——一九八三・八・板橋

殯儀館

一個只有白色花朵的地方
一切在這裡變得黯然
笑容止步在牆外
觸目盡是哀戚的臉

我們所愛的人要遠行了
現在來見最後的一面
有什麼言詞可以話別呢
千言萬語都化成了涕淚泫然

沒有習慣的手勢，沒有說再見
在這幽明交界的車站
一陣寒意襲來
當我們看著所愛的人漸行漸遠

有人拭著眼淚在默默地想
想著自己也有打這裡離去的一天
離去不一定可悲
祇怕沒有什麼留下來供人懷念
——一九八三・十一・板橋

忠烈祠

這是另一種形式的英雄館
唯不朽的英烈能住在這裡
且常在佳節美日
接受人們的瞻仰敬禮

四周一片肅穆

拾級而上，如履聖地
仰首望去，並無巍巍然的偶像
相迎而至的是一股浩然之氣

縱已灰飛煙滅，那些逝去的風雲
碑立在此的，卻是永未消失的記憶
一如階前的龍柏蓊鬱長青
這裡的每一個名字依然在呼吸

遙想在那鐵與血交會時
我們的英雄捐出了自己的身體
但他們將永遠活著，不僅在此
且在人們的心中，直到無窮的世紀

——一九八四・三・廿九・板橋

鐵軌與蝴蝶

釘死的雙腿
徒然無奈地望著遠方與歎
即使讓你跑
又能跑多遠

從過去到現在
就這麼一種姿勢
或許你也有走馬天涯的豪情
奈何一切由不得你

偶而，一隻蝴蝶飛來
打你身邊經過
那舞姿，說出了她的快樂
這時，你才發覺自己如此寂寞

蝴蝶脆弱如夢
卻擁有那無涯的天空
鋼鐵構成的你
竟似博物館裏那隻蒼鷹標本

——一九八四・八・十一・板橋

鹽田即景

也是一種討海人的生活
祇是不在海上，而在海邊
也像農人一般地耕耘
祇是耕耘的是一種不需播種的田

也並非不播種
而是種下去的一般人看不見
他們種的是一滴滴的汗水啊
換來那粒粒晶瑩的鹽

當他們築好了一方一方的田
便忙著引來海水進駐其間
這時，他們就像牽線的媒人般
最高興看到太陽跟海水熱戀

等海水慢慢懷孕
孕育出可愛的孩子白而鹹
人生不再乏味
有了鹽啊，就有希望無限

——一九八四・九・板橋

礦場一角

這裏並非傳說的那般地獄
不要以為有了災變就恐懼
其實，地獄不地獄
端看進去後能不能出

像去太空旅行般
更像到海底探險去
初次，許或有點緊張
久了，也就來去自如

入洞以後，就變成了土撥鼠
且向地層深處更深處
挖掘那一塊一塊的黑寶石
好給那些機器們當食物

進去，一片黑漆漆
出來，一臉黑呼呼
每一個打這裏進出的人都知道
「我不入地獄，誰入地獄」

——一九八四・十二・板橋

輯三　時光劫

弔屈原

——兼爲乙丑年詩人節而作

你就是那粒種子
兩千多年來，已蔚然而樹而林
我們雖非完全踏著你的腳印而來
卻都欣然分享了你的餘蔭

高潔的靈魂如你
踽踽而行在那眾人皆醉時分
滿懷離憂，訴與誰聽
唯悠悠江水是你的知音

你是永不熄滅的火燄
多少昏君弄臣已成灰燼
而你的形象，你的詩啊
卻長留天地間，讓人們歌吟

遙望汨羅江畔
神往之情，如海般深
但願來日跨海歸去
臨江再酹你這不死的詩魂

——一九八五・四・板橋初稿
一九九四・五・板橋修定

錯置的角色

——給屠虎者

其實，屠虎並非自你始
武松、馮婦都是有名的打虎好漢
祇是不知他們將虎肉虎骨如何處置
曾否在大街上論斤計兩地去售販

真正要殺虎的人並不是你
這世界上絕非只有你最野蠻
如果沒有那些嗜血的老饕
難道你會以殺虎為好玩？

而問題是：牠現在被囚於籠中
痿頓頹喪如病貓一般
對付那失卻反抗力的，勝亦不武
何況你又以牠作為牟利的手段

倘如那是一隻到處肆虐的猛虎
成了人們聞之而色變的禍患
你能奮力將牠剷除
眾人豈不將你視為英雄般地頌讚

——一九八六・一・板橋

早晨的公園

貪睡的大街還未醒來
這裏便已人影翩翩
當晨露猶在葉尖閃耀
朝陽升起之前

像赴約會一般
鐘塔上的時針剛指向五和六之間
人們就來到那些花前樹下
陸續地展開了一幅幅生動的畫面

這兒一群人
正隨著音樂的旋律曼舞翩躚
那邊也是
練拳的練拳，舞劍的舞劍
每一個人來到這早晨的公園
臉上就像春花一般燦然
然後帶著滿心的愉悅歸去
開始度這美好的一天
——一九八六・三・板橋

巍峨

——致屈原

昔日，自沉於汨羅江的靈均
已然成為詩國的巨靈
你的詩魂，瀰漫六合
詮釋了何謂不朽的生命

你雖被逐於昏君
卻贏得千秋萬世的歡迎
你感歎於「世溷濁莫吾知」
如今　誰不傾慕你的令名

而你的名字啊
照躍了那夜色中的史乘
你的形象
已樹立為永恆的典型

一座恆在上騰的山
磅礡直逼蒼冥
你就如此在我們的仰望中
成了那巍峨的峰頂

——一九八六・四・板橋

博物館

恐龍時代早已潮退
但見牠的形象猶在
且看遠古近代的履痕
聯袂來此聚會

一截斜倚在那角落的紅檜
說出歲月的輪子如何輾過那些朝代
一件件先民們的遺物
告訴我們如何從那草昧中跋涉過來

在那古樸的銅器陶器上
猶見那已過時代的光輝
從那飛舞的字，栩栩然的畫上
方知有一種生命並非時間能摧毀

走在這裏，彷彿漫步在時光隧道中
目睹了曩昔的風景，暗忖著未來
也許你在想：我們今天所有的
千百年後，有多少還在？

——一九八六・八・板橋

植物園的鳥說

一天，我很寂寞
便去植物園裡坐
坐著，坐著
不覺忘了我

忽然，聽見一隻鳥兒說
「那人不知在做什麼
看他孤獨的樣子
似乎很落魄」

「不！」一隻鳥兒在反駁
「我倒看他很快樂
許多人栖栖皇皇地在追東逐西
他卻悠然地在此閒坐」

「是呀！」另一隻鳥兒在附和
「他如此閒雲野鶴般地生活
遠離了那些喧囂擾攘
一定不知道什麼是寂寞」

——一九八七・三・板橋初稿
一九九〇・四・二修訂

遙望汨羅江

小家碧玉的你
原來徜徉在一個鮮為人知的地方
打屈子投入你懷中那天起
你的名字便因他而發光

何其有幸，你竟
成了詩人永恆的夢鄉
你的槳聲 波影
從此化作千古絕唱

我雖不曾與你謀面
卻常心馳神往
我多麼想循三閭大夫的足跡
去到你身傍探訪

祇是如今啊如今
悵然西望徒自傷
尤其當此蒲月
處處粽香……

——一九八七・五・板橋

達爾文的信徒

曾經，他對達爾文吐口水
痛斥那誣衊人性的進化論
他振振有詞地辯駁著
獸是獸，人是人

後來，他做了基督徒
他相信人與神的關係最近
不但人是根據神的形象而造
且將成為彰顯神榮耀的器皿

而現在，當他每天自報紙電視上
看到那些不忍卒睹的新聞
　兒子毆辱父母如仇敵
　父親姦污了女兒，復推之入火坑
更有那把人殺了且裂屍的惡行
這一切與禽獸有什麼區分
於是，他不禁喟然嘆息
「唉！我服了你，達爾文」

——一九八七·七·十二·板橋

荒謬英雄

——給飆車族

忘記了從那裏來
也不知該往那裏去
夸父的英靈依稀
在你年輕的心裏鼓舞

舞著　疾駛的輪子
一若無羈的飛駒
飛馳呀　是如此過癮
可曾想到　下一站何處

也許是　斷腿殘臂
也許是　陰曹地府
就這樣　以瞬間的快感
換來自己與親人無盡的悲苦

縱或僥倖自死神的手中逃脫
贏得一陣英雄式的歡呼
而這種唐吉訶德似的英雄
不過是荒謬加虛無

——一九八七・九・板橋

門

當你跨出門外
便會見到一條道路向你奔來
來迎你前去
上山，或泛海
當你浪遊歸來
便有一道門為你打開
如那張開的手臂
等著擁你入懷

你曾經過多少門
一道門進出了多少回
你知道那一種門最難進
那一種門進去了便出不來

門內門外，兩種不同的世界
你要藏身門內，抑或奔向門外
門內有門內溫暖的享受
門外有門外風光的可愛

——一九八七・十二・板橋

林場行

步入這如海的樹叢
就像步入一座綠色的王宮
祇覺滿眼驚奇
不識南北西東

這裏的陽光似乎很害羞
但見遍地樹影朦朧
那森然羅列的御林軍
正等你來檢閱他們的陣容

在這美麗的王宮裏
使人忘卻了塵俗的辱寵
諦聽鳥語蟲鳴
恍若置身夢中

走出這如海的樹叢
頓感浴後的舒暢輕鬆
但願在我們的心中
永保那片蓊鬱蔥蘢

——一九八八・三・板橋

夢返洞庭

午夜夢醒
醒在心繫魂繞的洞庭
庭前竹影依依
依稀是洞庭湖中的帆影

千帆雲集
集萬千氣象於此一盆景
景中之景 在水中央的君山
山外是一望引人遐思的空明

隱隱傳來漁歌互答聲
聲聲牽引著遊子的心情
情歸何處 且往岳陽樓上登
登樓遠眺 別是一番風景

回首那年離別時
時隔卌年 兩鬢已星星
星光灼得我好痛
痛得我竟自午夜的夢中驚醒

——一九八八・六・板橋

失去武器的戰士

我不知道自己是怎麼死的
但知我一定死了很久
當我不再寫詩
便是我死了的時候

「寫詩是要嘔心瀝血的啊！
不寫詩，就不會那麼難受。」
可是，這世界上有誰不痛苦
除非是草木或石頭

- 119 -　失去武器的戰士

人生本來多愁苦
百歲常懷千歲憂
詩是征服憂愁的唯一武器
不寫詩，便無異坐以待斃的死因

曾經以詩為矛為戟
擲向那進逼我的悲愁
而今，一個失去了武器的戰士
陷身於重重的煩憂中，何以自救

——一九八八·十二·板橋

農莊素描

兩面綠樹一面竹
一座三合式的房屋在中間
前方不遠的布景是
一片禾浪滾滾的稻田

屋後有小溪蜿蜒而過
遠處，一抹青山橫臥在天邊
樹蔭竹林下
時見小鳥與家禽共遊的畫面

沒有噪音擾人
不見空氣污染
與太陽同步而作息
依然保持著傳統的習慣

當收穫季節來臨時
所有耕種的辛勞都變成甘甜
這裏不是世外桃源
人們卻生活得如此悠然

——一九八九・八・板橋

漁港晚眺

追隨太陽走過的腳蹤
伴著猶在詠歎的海濤
一艘一艘的船兒遠了
衹見點點漁火相照

換了一襲黑裙子的海洋
看來神秘若夢，嫵媚而嬌嬈
許是魚兒們眩惑於她的魅力
紛紛來在海面上手舞足蹈

漁夫們看見那些魚兒不禁笑了
便一網一網地將牠們往船上撈
祇要魚兒們肯來
便無畏天黑浪高

奮鬥了一夜的漁夫們
在晨光熹微中返棹
滿載而歸的不僅是那些戰利品
也帶來一家人的希望與歡笑

——一九八九・八・十二・板橋

都市一瞥

天空愈來愈瘦
瘦得就像那條臭水溝
陽光不再在此揮灑自如
看星看月已成難得的享受

舉目望去
但見樓外有樓
無盡的車陣人潮
洶湧在神經錯亂的街頭

在這鋼筋水泥的森林裏
不僅是天空變得瘦而醜
在那些牛鬼蛇鼠出沒處
更成了罪惡的淵藪

面對這萬花筒似的世界
你許或眩於她的諸般引誘
祇是一如那巴比倫之妖嬈迷人
她並非你心愛的妻子，豈能長廝守

——一九八九・十・廿四・板橋

寂寞黃昏時

奔波了一天的太陽
這時，疲倦地依偎在山傍
田野的蟲兒
伴著晚風在輕唱

那少女走出了林間的小屋
漫步在一條幽靜的小徑上
天邊露出一鈎新月
她默默地望著那月兒在遐想

後來，她向著另一條路上走去
前面有一方小小的池塘
暗綠色的水面繪著一彎眉月
那少女的影子倒映在水中央

忽然「咚！」的一聲
她拾起一顆小石子擲向池塘
那月影被驚嚇得不停地在抖動
她發現自己像在池中舞蹈一樣

——一九八九・八・板橋

獵人

那獵人
不只獵樹上的鳥，洞裏的兔
　草原上的羊，山中的猛獸
萬物之靈的人，也是他喜愛的獵物

你不悉他在那裏
到處都是他藏匿之處
有人中了他的箭，猶在極力掙扎
有的不聲不響，就被他擄獲而去

無人能逃過他的手
不論你是貴賤貧富
而他似乎偏愛天才與紅顏
常在那奇葩剛綻放時就摘取

一切悲劇的導演者
他的特徵是冷酷
當你一旦與他狹路相逢時
如何能不被他征服

——一九八九・十一・板橋

時光劫

——暮秋過荷池有感

一季芳華杳然
滿目淒清如許
獨留那美好回憶
兀自亭亭在心之深處

浮雲一般的生命
來去皆虛無
絢爛也罷，平淡也罷
最後都步入同一條歸途

- 131 - 時光劫

昨日的耀眼多姿
已成天涯斷路
美景難與秋風敵
而今只見花殘葉枯

睹及這場時光劫
乃覺所謂青春　幸福
不過如此荷池
　如那荷花　竟一一離去

——一九八六・八・板橋

路

世上的路無數
我走的卻是一條山間小路
總是那麼逼仄
　那麼不敢恣意馳騁的拘束
也曾有過花香撲鼻
卻是曇花一般短促
偶爾也風和日麗過
更多的時候　則是陰霾四布

- 133 - 路

一路戰戰兢兢
唯恐稍一不慎會失足
環顧四周　人跡杳然
與我同在的只有孤獨

孤獨地走著這荒山野路
我沒有躊躇，也不論有無險阻
衹朝著一個方向前進
絕不在中途停步

——一九八八・四・板橋

輯四　路與樹

歲月

你是長江的水，海中的浪
浪淘盡多少人間興亡
亡人無以為寶
寶貝的是那一線希望

望前看，一片蒼茫
茫茫大海中，如何掌穩航向
向後看，一片黯然
然則，我豈能就此投降

降也罷，戰也罷，我都必須堅強
強者縱然被打敗，絕不沮喪
喪我者，除了你，更無其他
他日，我若能，我的影子必與你等長
長久地，你橫行於一切之上
上帝竟也默許你的勾當
當一切在你的手中被摧殘
殘酷的你啊！為何總如此令人感傷
——一九九〇・一・廿一・板橋

極

已經走入死巷
教你止步的那面牆
正冷冷地注視著你
看你何去何往

你不承認這是終站
但是，除了你的心猶欲逃亡
你的手，你的腳
都已開始投降

昔日的豪情萬丈
而今成了寸寸愁腸
天馬行空的你
奈何也來到這令人氣短的路上

但你毋須懊喪，更不要悲傷
任何樂曲都有最後的一章
唯問你在譜下那休止符後
是否讓人猶覺有餘音繞粱

——一九九〇・二・廿一・板橋

泡沫

一天，我循著孔子的腳蹤
漫步在一條大河邊
看到那不舍晝夜以去的流水
驚訝於一群泡沫的翻騰喧鬧
那些嘰哩咕嚕的小泡沫
在爭論著誰長誰短
忽然一個大泡沫跑過來
咄咄逼人地說：你們站遠一點

這時，祇見岸邊的那塊岩石
默默地在冷眼旁觀
但我似乎聽見他在說
「不一會兒，他們都會消失得不見！」
倏起倏滅的，是那些擾攘的泡沫
水流如恆並未變
在這歷史的長河裏，像泡沫般的
你我有什麼好爭辯

——一九九〇・二・廿二・板橋

路與樹

無數的車走過，人走過
不曾有誰關心過
唯你來到我的身邊後
便一往情深地不肯離開我

我何嘗對你貢獻過什麼
你卻給我如此多——
給我以遮擋烈日的庇蔭
給我以晚風下的輕歌

我常默默地想
如果你是鳥，我是河
我奔向海洋，你翱翔空中
我們會像現在這樣親密麼

你原可以在山上，在公園裏
在任何地方都比在我身邊快樂
而你竟願與我廝守在一起
可是為了分擔我的煩憂與寂寞

——一九九〇・二・廿三・板橋

獨坐

一四分休止符
退潮的海灘
禿了的梧桐
冷卻的火山

不是參禪
而是在築一座祭壇
且把自已默默獻上
欲與昨日的我作一了斷

- 145 - 獨坐

棄絶了那些喧囂
但求一隅恬澹
極目望去
竟是如此天闊地寬

當夜色浸尋
遂將心燈點燃
火山縱已冷卻
猶有巉巖不畏風露寒

——一九九〇・三・廿九・板橋

老花眼鏡

人到中年
便對自己漸漸感到陌生
先是驚訝於髮間的兵變
繼而是不再聽從指揮的眼睛

曾經明察秋毫
銳利如鷹眼之燭臨
而今面對這世界
竟霧裏看花似的迷漫不清

從此一對玻璃武士
便常伴著雙目，如影隨形
彷彿一副枷鎖在身上
總教人有一種不自在的心情

人生在不斷地追尋
可是，誰曾追尋老花眼鏡
一如臉上的皺紋，它是
不受歡迎，卻無法拒絕的餽贈

——一九九〇・五・板橋

防風林

一群穿著綠色制服的勇士
密密地，一個挨著一個立在那裏
他們組成了一支陣容堅強的隊伍
嚴防著來自海上的暴徒們襲擊

他們就這樣一直守護著
守護這片美好的土地
所有的農田、房舍，都有了屏障
如同依偎在母親的臂彎裏

當那狂妄的風沙橫掃過來時
他們便戮力抵抗那聲勢凌人的進逼
要那些風沙繞道而去
不然，也要將姿勢放低

他們發揮了一種高度的團隊精神
沒有誰願意被孤立
他們不但遏阻了那恣意橫行的風沙
且將這土地上的風景點綴得更美麗

——一九九〇・五・板橋

返鄉詩鈔之一

大鵬振翼

——由台飛港機上

現代大鵬一振翼
直上雲霄三萬六千呎
而我安坐其腹中
任它載著翔翔在空際

當我向下鳥瞰時
那讓我既愛又憎的都市在那裏
那些令人相形見絀的龐然大物呢
怎地都成了微塵似的難以辨識

這時，只見那些調皮的白雲
在我周圍大玩捉迷藏的遊戲
剛打開的那份畫刊尚未看完
就有聲音說：已經到了目的地

一灣窄窄的海峽
究竟隔著多少距離
過去四十年，無法越過的天塹
現在，不過一盞茶的工夫而已

——一九九〇・七・岳陽

返鄉詩鈔之二

京廣道上

一腳踏入廣州車站
才真正感覺回到了故國的土地上
車輪一轉動，我的心便開始喊著：
「我即將投向你的懷抱了，故鄉！」

車窗外，我的眼睛飢渴似地搜尋著
那些稻田　農莊……
看來有點陌生，又不陌生
就像見到那許久未見的朋友一樣

忽然，打那邊跑來一座好面熟的山
祇見他橫眉瞪眼，青筋暴張
竟衝著我問：這麼多年去那裏了
為什麼直到現在才回鄉

唉！我該怎麼向他解釋呢
只有黯然閉起眼睛來在默默地想
不久，聽見鄰座的人說：衡陽到了
過了長沙，就是岳陽

——一九九〇・七・岳陽

返鄉詩鈔之三

上墳

萬里重關終歸來
終於得償來看您的心願
行囊甫卸，便由妹妹引路
趕到了您安息的宅畔

然而，一路上
我的心卻像那海上顛簸的風帆
四十年不見，為什麼
到今天才來相會在這郊野荒山

爹爹！姆媽！兒現在來看您了
您是否怪罪兒來得太晚
不願見我這不孝子
只讓兒長跪墓前哭訴我的罪愆

我痛悔昔日沒聽您的話
哀傷的是我不曾菽水承歡
淚水縱已沾滿我的衣襟
這風木之悲啊到哪一天

——一九九〇．七．岳陽

附記：先父母生前感情甚篤，雖先後相隔一年去世，卻合葬於一處，蓋期其長相伴也。

返鄉詩鈔之四

重遊岳陽樓

久違了，岳陽樓
四十年前見到你的時候
你那清癯的身影，瀟然脫俗
在我浪跡天涯時，常縈繞我心頭

而今久別重逢
看你容光煥發，風姿大別於昔疇
原來幽雅絕塵的勝地
竟也散發著一股銅臭(註)

進得樓來，但見
范文李杜的詩，仍在那裏互爭千秋
且更上層樓，放眼望去
卻見那煙波浩渺的洞庭已變瘦

世事莫非真是白衣蒼狗
湖變瘦了，樓也非舊時的樓
而曾來此登樓的慘綠少年啊
如今也將白首

——一九九〇・七・岳陽

註：參觀岳陽樓，在入門處、上樓時，皆須購票。所費雖不多，唯「關卡」重重，給人一種處處都要錢的感覺，商業氣息未免濃了一點。往日似無此陋規。而過去一望無際的洞庭湖，現在由於施行「圍湖築田」的結果，湖面已較前小多了。

履痕

——偕「秋水」詩友登山野宴記

一個有如仲春的冬日
一批來自詩國的子民
暫時走出市廛與塵務
成為大自然最歡迎的嘉賓

且行且思且漫談
且看沿途的草木多可親
山雖不高，且以獸名
山色斑駁亦可人

隨著太陽的腳蹤到達山顛
正是準備野宴的時分
他生火，你調鼎
不一會兒，就香聞陣陣

雖無蘭亭修禊的盛況
卻也讓秋水諸君
在這台北市郊的象山上
留下了足堪回味的履痕

——一九九○・十二・二十五・板橋

故事

一派奇裝異服的風
忽然闖入大街小巷中
整座城市因此而沸騰
彷彿一場燃燒的夢

人們紛紛探首窗外
為了一窺那風的儀容
有人驚異地發現
撲面而來的竟是一群螯蟲

於是，趕緊掩門閉窗
空氣中瀰漫著一片惶恐
春天已經不知去向
大地變成一株禿了的梧桐

許久 許久（許是五百年後）
宇宙復經一番產痛
終於春回大地
人間又樂也融融

——一九九一・二・二十一・板橋

落地生根

葉不葉
花不花
土裏土氣的樣子
名字也不雅
你沒有迷人的姿色
不會被供奉於花架
但也不致被人玩弄於股掌
　被修修剪剪拿去瓶中插

你生性淡泊
慾望不大
只要有地方落腳
便在那裏安家
你不在乎榮枯
無須與人爭高下
你只求生活自在
管他什麼富貴榮華

——一九九〇・十一・板橋

仿冒品

那人戴了一隻名牌手錶
吸引了無數羨慕的眼神
而他以為有了這樣的裝飾
就可以襯托出高貴的身分

許多人也想滿足這種虛榮心
於是，就有了贋品製造人
不但仿造了那些名牌手錶　飾物
且將若干破銅爛鐵鍍金鍍銀

- 165 - 仿冒品

那技高一籌的，更仿造了
天使的臉孔，聖者的風韻
若非你能洞察幾微
怎知哪是假，哪是真

這世界早已變成仿冒王國
到處充斥著以假亂真的膺品
而在所有的仿冒品中
仿冒得最多　也最難辨別的竟是人

——一九九一・三・板橋

鐵與水

你是巨人，你是力
在你的面前，誰也辯不過你
你的一聲鏗鏘
教所有的頭顱化成粉齏

而她祇是一個柔弱的女子
卑微如不堪一擊的螻蟻
當她默默走向你時
不曾引起你的絲毫注意

也許是三分愛慕，七分怨懟
也許是因愛怨交織而成的妒忌
為了一心要將你征服
她便緊緊偎著你　寸步不離

於是，你在她這樣的溫存下
便漸漸地，漸漸地失去了威力
最後，竟如腐木般
毀滅在她的手裏

——一九九一・五・松橋

採茶女

三三兩兩的少女
踏著愉快的腳步
迎著和風豔陽
手挽竹籃採茶去

一片青青的茶樹
默默立著無語
在那纖纖玉指下
接受温柔的愛撫

哦！不，那不是愛撫
而是一種征服
凡耽於那美目盼兮的
就成了她的俘虜

那些死心塌地的俘虜
願意為了她而烤　而煮
最後被視為渣滓一般棄去時
猶自陶醉於那玉手的撫觸

——一九九一・五

野玫瑰的側像

一朵半憔不悴的野玫瑰
斜倚在那小巷的一隅
她的眼睛裏有八條蛇在舞著
讓所有路過的人都側目

不久，打那邊走來一漁夫
發現這尾待沽的魚
頃刻間，交易完成後
她又去等候另一個顧主

看她如此來者不拒
莫非靈魂已經麻木
不知是她自甘於這種生存方式
抑或作了他人的摇錢樹

這朵半憔不悴的野玫瑰
想必也曾是滿懷綺夢的少女
而今她竟走到這條路上來
難道是命運的惡作劇

——一九九一・十一・板橋

登大霸尖山

今天，來到這裏的人
都成了穆罕默德的信徒
咀嚼他那句橄欖似的金言
我們決心要來一窺你的真面目

瞧你如此孤傲
霸氣十足
一副挺拔峭厲的姿態
儼然不屑與群山為伍

不論你是多麼崖岸自負
我們都要將你征服
你既不肯俯首下人
就讓我們的腳去將你俘擄

登上這一步一歎奇的巉巖
不禁發出勝利的歡呼
放眼望去　天地茫茫一片
祇見那遠山嵐岫　若有若無

——一九九一・十一・板橋

輯五　一棵樹的塑像

一棵樹的塑像

春過　夏過
風過　雨過
日子雖已到了秋分
迄未改變他的姿勢過

立著　昂然地
不憂　不懼　不惑
縱然即將來臨的嚴冬會肆虐
會對他進行無情的掠奪

但是，一切苦難與挑戰
不曾使他畏縮
儘管枝枯葉殘
他依然滿懷希望地生活

除非斧鉞加身，使他倒下
彷彿一顆星之殞落
而他始終不屈的形象
遂成了一尊不朽的雕塑

——一九九二・二・板橋

觀戲

英雄跳，我們笑。

——蔣百里

你要看戲麼
不必去戲院
這世界就是劇場
隨時隨地都有戲可看

有人扮作救世主的模樣
一轉身 竟變成豺狼般的兇殘
有人口沫橫飛地講正義 談公理
一見阿堵物，什麼都不顧了就往其中鑽

且看那施展騙術的高手
騙得許多人團團轉
那些忘了自己是誰的小丑
不是製造笑料，便是在搗亂

昨天還是叱咤風雲的那人
今天卻成了喪家犬
當你觀賞這一幕幕的戲時
是否有著與蔣百里一樣的同感

——一九九二·三·板橋

動物園

你知道我們身上有許多動物嗎
牠們有的在跑有的在跳
有的蜷伏著在假寐
有的藏起來了看不到
你是這動物園的主人
每天都要加以細心照料
按時餵以肉類魚類給那些肉食動物
給草食動物以蔬果米飯或麵包

- 181 -　動物園

在這動物園裏
有時會聽見獅吼虎嘯
有時看見狐狸出沒
偶爾還有蛇舞狼嗥

身為這動物園的主人
你可曾將牠們看守好
不讓任何動物自裏面竄出來
方稱得上是這動物園主人的驕傲

——一九九二·四·板橋

自閉症患者

那人
不懂什麼是禁忌
某些偶像，在他看來
也不過是玩偶而已

他總是背向這世界
將一切鍍金的謊言踩在腳底
沒有什麼能籠絡他
他嚮往的是莊周夢中的天地

- 183 -　自閉症患者

凡厚著臉皮兜售良知的人
都為他所唾棄
唯嬰兒是他樂於親近的對象
他只愛赤裸的真理

當他發覺四周一片詭異
到處瀰漫著烏煙瘴氣
他別無選擇
結果，選擇了自我禁閉

——一九九二・五・七・板橋

精神分裂症患者

他發覺自己
常常五馬分屍般
身在上班途中的巴士上
心在家中病妻的身畔

有時，腳已跨入競技場似的辦公室
頭猶神遊於陶淵明的桃花源
手在不由自主的「等因奉此」
眼睛不時瞅著窗外的一抹天藍

於是，他彷彿看見自己
擺脫了所有的羈絆
像鳶飛戾天
像魚躍於淵

然而，畢竟有一條繩子在他的腳上
縱使極力掙扎卻總是掙不斷
他的頭和腳一直在拔河
原來他是個精神分裂症的病患
——一九九二・五・板橋

候鳥

你讚美上帝
給你辨別天色的能力
你更為自已慶幸
具有善飛的雙翼

當秋風來時
大地一片蕭寂
那些曾踞枝頭爭鳴的不見了
你也遠走高飛去另一個天地

這時，唯獨那樹
因對這土地愛極
堅持不肯離去
縱然承受著無數打擊

熬過嚴寒的冬季
大地又生氣洋溢
你翩然而至，擁著春天起舞
卻不知有人鄙夷於你的投機

——一九九二・五・板橋

車過華江橋

車過華江橋，向北
天空愈來愈窄
進入沙丁魚罐頭般的世界
人也彷彿變得愈來愈矮

置身勞勞塵網中
每每令人忘記自己的存在
或如驢拉磨，或推石上山
活著，竟是如此無奈

- 189 - 車過華江橋

車過華江橋，向南
且學陶潛高歌歸去來
縱然南山邈邈
更無東籬菊可採

縱然，明天還要橋南橋北地奔波
將自己一分一寸地拿去賣
直到那天不再打橋上經過
而像橋下的水，靜靜流入了海
——一九九二・八・板橋

心獄

當我靜靜地泅泳在回憶的海洋中
總是看見有一雙眸子在注視我
恍恍惚惚，我便不自覺地墜入
那令人神迷目眩的漩渦

多少歲月像風一樣吹過
多少往事已在荒煙蔓草中湮沒
唯獨那眸子宛如不滅的星光
始終在我回憶的天空閃爍

是什麼讓我們在茫茫人海中相遇
是什麼又讓我們觸礁受挫
原來期盼綠葉成蔭的那株樹
竟不待花開，便枝枯葉落

一切隨風而逝，如夢一般
不死的是長在心中的蔦蘿
那曾飲我以無比温馨的眸子啊
如今卻成了我的監獄，我的折磨

——一九九二·十·板橋

寂寞，不要怕

初初接觸她時，一隻冰冷的手
也許會讓你冷得發抖
但當你握著她走了一段路
你便會發覺她是多麼體貼，多麼溫柔

她是一個心地善良的女子
樂意分擔你的悲涼，你的哀愁
當你打那燈火闌珊處歸來
只有她在你左右

別以疑懼的眼神看她
別以為她冷冷的不可就
真正認識她的人都知道
她原是足以令人沉醉的酒

當你行走在曠野
四顧無人的時候
不要怕，寂寞與你同在
她永遠是你值得信賴的朋友

——一九九二・十・板橋

回憶

一個冬日的午後
漫步在通往從前的路上
許多似曾相識的景物
紛紛前來向我作出歡迎狀

這時，在那株熟稔的榆樹下
有一雙脈脈含情的眸光
吸引著我，久久地
彷彿那蝴蝶陶醉於花香

而這祇是一處似夢非夢的地帶
那倩影雖曾一度佔據我心房
如今畢竟已是飄去的雲
遠遠地，翳於天的另一方

為了見到她，只有乞靈於回憶
而回憶這條路，既近又漫長
往往如飲醇釀，不覺自醉
醉罷歸來，卻落得滿懷惆悵

——一九九二・十一・板橋

拔河者之歌

——致凱倫

詩人與永恒拔河
你則與希望
那是永不枯竭的泉源
解你乾渴，給你力量

雖然走過一段坎坷的路
你的腳步始終是那麼昂揚
縱使頭上烏雲瀰漫
你的心中永遠有著不滅的光

在那光的引領下
你不曾迷失航向
並且緊緊掌握了舵
敢於面對一切風浪

經過幾番奮戰
終於露出勝利的光芒
只要你不放棄希望，繼續勇往邁進
一路上，將有更多的花朵為你開放

——一九九二．十一．板橋

附註：㈠二十餘年前，我執教於北市民生國中時，陳凱倫（原名光燦）即以其演藝方面之才華，見稱於儕輩。而今更是名揚遐邇，光芒四射。不但是若干電台節目之主持人，更是金鐘獎之得主。近讀其見贈之「永遠與希望拔河」一書，深為其力爭上游之精神所感動，爰草此詩以勉之。
㈡「與永恒拔河」爲名詩人余光中先生之詩集名。

登樓賦

樓高千丈
憑欄而望
祇見遠遠近近
人車洶湧如潮漲
遙想百年以前
此地是何種景象
那時
你在什麼地方

再想百年以後
此地又將是何等模樣
現在喧嚷爭逐的這些人
那時，或已不知去向

百年前，沒有這樓
百年後，這樓是否依然無恙
古今一切皆流水
一樣的波動，不一樣的浪

——一九九三・三・板橋

三月的雨

那披著一襲粉紗的女子
無人知道她的心事
當我仔細端詳她
彷彿讀著一首象徵派的詩
看她步履輕盈
飄逸的神韻，撩人情思
足跡至處，引來萬頭鑽動
爭睹她的風姿

桃花　李花，競相邀她共話
枯樹的臉上也露出了笑意
最興奮的是那曾因思念而病瘦
如今又恢復了活力的小溪

我是沈寂久矣的古井
春天於我已屬過去式
望著那夢影般的女子來去
心中的漣漪旋起又旋即消失

——一九九三・三・板橋

故宮行

中國有多大
五千年有多長
只要來這裏走一遭
便會明白什麼是華夏之光

懷著朝聖者的心情
步入這文化的殿堂
饗以舉世罕見的瑰寶
不禁讚歎著那滿目琳瑯

且看歷史的足跡斑斑
一片褪色的青銅，便是一頁滄桑
凝視著那排編鐘
頓覺一陣激越的大呂響自耳旁

過去的未嘗過去，在這裏
永遠洋溢著不朽的芬芳
是異國人士嚮往的焦點
更是所有中國人心靈的故鄉

——一九九三・四・板橋

鷹

你非籠中的那一類
而屬於天空
誰能與你相頡頏
唯那展翼千里的大鵬
孤獨成性的你
不屑於鴉聚雀群
遠離擾擾紅塵
縱身於邃窅蒼穹

看你何其洒脱
時而起舞在空中
時而疾飛而去
一聽自由任西東

你的雄姿英發
成了那些勇者的圖騰
而你所追尋的
又是何等樣的夢境

——一九九三・五・板橋

歲末心情

一

這册書已經翻到最後幾頁
眼皮子也開始下垂
一切都顯得意興闌珊
該到打烊的時間了

二

天色漸暗
歸鳥紛紛回巢
舉目望去
猶有孤鴻徘徊在天際

三

曾經一樹蔥蘢
如今枝葉凋零
幾許抖擻在寒風中的遺民
恰似烈士暮年的心情

四

下雪了
祇見悄悄易幟的山頂
心　在一寸寸地陷落
愁　正節節上升

——一九九三・十二・板橋

走在故鄉的路上

一條昔日走過的路
當你再走上它時會有什麼感受
是重逢的喜悅
抑或感歎往事不堪回首

在離別故鄉許久後
我曾回到一條路上　走了又走
沒有人了解我為什麼如此
我的眼淚卻不禁潸潸地流

這是我離家時走的一條路
我想重温那記憶中的鏡頭
兩旁的瓦屋　小樓依然在
卻再也見不到那曾與我握別的手

走過天南地北
沒有一條路走來不是精神抖擻
唯有走在這條故鄉的路上
一步一欷歔，竟似夢遊於另一個星球

——一九九四・二・十二・岳陽

附錄一

劉炳彝的奇蹟

·墨人

中國新詩在發展過程中，經過最近二十來年的誤入歧途，終於撥亂反正，朝著正確的方向行進了。因此，過去爲報紙副刊拒絕的新詩，現在已被副刊普遍接納了，希望詩人朋友好好地把握這個機會，努力創作，以奠定新詩在中國文學中的穩固地位。

新詩能從被拒絕到受到相當禮遇，是很不容易的。這得力於不少默默耕耘，不忮不求，奉獻自己的「傻瓜」詩人，由於他們的智慧與定力，才能挽狂瀾於既倒，開創了今天的大好局面。詩人劉炳彝（鍾欽）就是新詩詩壇上的「無名英雄」之一。劉炳彝先生詩齡已經超過三十年，常用不同的筆名寫詩，又不「作秀」，因此少爲人知。

最近我有機會拜讀他的詩集「奇蹟」付印前的剪貼簿，這個集子裏一共收集了三首敘事長詩，三十首抒情短詩，使我十分高興，我一口氣寫了八千多字的序文，但限於篇幅，意猶未盡，再在這裏補充說明。

長詩我不再分析，三十首短詩中我覺得還值得在這裏特別一提的有「梅雨吟」和「葉與根」等。

劉炳彝先生的最大長處是能吸收傳統的精華而推陳出新，由於語言、文字、音韻、節奏整體配合的完美，所以每一首詩讀來都覺得十分和諧，猶如天籟，他很懂得運用方塊字的特性，因而在技巧上已臻上乘。現在我且引「梅雨吟」與「葉與根」兩首，以供欣賞。

梅雨吟

你纏綿如許
以楊柳風的溫存
輕輕柔柔地似在說
你曾是我夢中的情人
春日去時
梅子長成花落盡

你悒悒然走來
是否那去而復返的花魂

不必對我訴說那些往事
我的心裏正鬱悶
如果是在江南
也許我會喜見陌頭枝上新

而現在，你爲我帶來
一室的潮濕，竟似我的心
我不知該惱你
抑或覺得你可親

葉與根

一樹濃蔭
繫於一根

有根，才會枝繁葉茂
沒有根，就得不著養分

也許，葉會飄零枝被斫
而根卻不能被毀損
祇要根仍在
枯萎的枝葉終將煥然一新

有一棵參天的古樹
已經歷數千年而猶存
在狂風暴雨中依然屹立如恆
因爲它盤根錯節深千仞

我們都是這樹上的枝葉
它的命運就是我們的命運

即或有一天我們會凋謝
也要化而爲泥遮護它的根

這兩首詩他充分運用了中國文字音節的特性，他不但沒有排斥詩的音樂性，反而以詩的音樂性加强了詩的效果，而毫未損害詩的意象的建立。這是他所有的長詩短詩的一大特色。

另一特色是：每首短詩都是十六行，這與豆腐乾體不同，和英國十四行詩亦有分別，他把每首詩都分成四節，字數則有彈性，他這種嘗試在他個人來說是很成功的。

新詩形式之爭由來已久，還無定論。爲了創作自由，大家是各走各的路，這有好處，也有壞處，好處是不受拘束，壞處是漫無限制，缺少尺度。因此我覺得他的這種嘗試還是值得鼓勵的。

劉炳彝先生的「奇蹟」、「永恆的火炬」等是他苦心經營，氣勢雄偉的史詩。不但台灣在國際社會中是個「奇蹟」，劉炳彝先生在詩壇默默耕耘了三十年，而獲致今天的成就，他本身也是一個奇蹟。

——中華民國新詩學會會訊第三期

附錄二

不求聞達的詩人——藍雲

·張朗

名作家墨人說：藍雲是一位「一直腳踏實地默默辛苦耕耘，不求聞達，寫作了三十年以上，仍少有人知」的詩人；又說藍雲的人品詩品，是他最樂於稱道的。我和藍雲只見過幾次面，對他的印象卻很深刻，一個與世無爭的溫文君子；所以在這篇對他的評介中，便稱呼他爲不求聞達的詩人。

藍雲本名劉炳彝，湖北省監利縣人，民國二十二年生，現任教台北市龍山國中。在詩的路上，他起步很早，和葡萄園詩社現任社長文曉村及已故詩人古丁同一時期，曾編過早期的葡萄園詩刊，文曉村還說，葡萄園詩刊的刊名，就是他取的。這個時期，他出版過一本詩集「萌芽集」。他得過國軍文藝獎、中興文藝獎及詩教獎。可惜，他中途冬眠太久，將近二十年間，很少創作。直到七十年前後才再度出發，以鍾欽爲筆名在中央日報發表長詩「奇蹟」、「永恆的火炬」等，出版詩集「奇蹟」，他還以揚子江爲筆名發表作品。但，我認識他的時候，他又回過頭來用藍雲這個筆名，所以，我一直叫他藍雲，也以藍雲這個筆名介紹他的作品。

「爲什麼要寫詩？」幾乎每一位寫詩的朋友，都會碰到這個問題，有時是被別人問，有時是自己問自己。藍雲在「奇蹟」的跋裏說：「過去，我似乎不曾認眞地想過：我爲什麼要寫詩？因此，我寫的那些所謂的『詩』，大都是一己的情緒發洩而已。現在如果問我同樣的問題，我可能還是說不出所以然來；而且，這也許是一個見仁見智的問題。到底是爲藝術而藝術？抑爲人生而藝術？自來就衆說紛紜，沒有定論。不過我倒覺得白居易的話：『文章合爲時而著，歌詩合爲事而作』還算相當中肯。」由他這一段話可知，他是贊成爲人生而藝術的。現在，讓我們慢慢欣賞，他如何爲人生而藝術。我選的第一首詩是：

植物園的鳥說

一天，我很寂寞

便去植物園裏坐

坐著，坐著
不覺忘了我
忽然，聽見一隻鳥兒説
「那人不知在做什麼
看他孤獨的樣子
似乎很落魄」
「不！」一隻鳥兒在反駁
「我倒看他很快樂
許多人栖栖皇皇地在追東逐西
他卻悠然地在此閒坐」
「是呀！」另一隻鳥兒在附和
「他如此閒雲野鶴般地生活

遠離了那些喧囂擾攘
　一定不知道什麼是寂寞」

藍雲的這首詩使我想起一副勸世的對聯：「欲除煩惱須無我，各有因緣莫羨人。」他因為寂寞才到植物園裏去坐，坐在園中，他卻想到一個問題：自己究竟是孤獨寂寞，還是悠閒快樂？問題的答案便是這副對聯的上聯，也被他安排在詩中。關鍵句子便是「不覺忘了我」，這一句有雙重意義；第一，詩人不懂鳥語，因忘了我而達到人物合一的境界，鳥語也懂了！這一意義使詩的結構完整；是一首反諷詩，利用鳥說他快樂悠閒，反射自己的落魄和寂寞。第二，鳥語是詩人的移情手法，事實上並沒有三隻閒得無聊的鳥在談論他，而是詩人自己的心中有三個聲音在對話，結論是悠閒快樂；在渾然忘我的狀態下得到的結論。但沒來植物園之前，也就是沒忘我之前，他是落魄的，是寂寞的；第二解使這首小詩成為探討人生的作品。探討人生這一方面的主題多很嚴肅，作品多沉悶；此詩藍雲用輕鬆的筆墨寫來，不但不沉悶；反而頗富喜感，足見功力非凡。我選的第二首詩是：

路的變奏

——上班途中有感

每天走在同一條路上
走在這路上的卻非同一個人
昨天，他的心中一片陽光燦爛
今天，他的臉上卻布滿烏雲

同一條路上走著不同的人
沒有人知道自己究竟在向何處走
誰也無法測定明天的風雨陰晴
原來我們腳下的路是一條最詭異的獸

那人正奔向滿懷希望的前途
突然，一輛超速的車撞了過來
他竟來不及向朋友揮手

就這樣匆匆走了，一去不回

此詩第一節第三、四行，解釋第二行：意思是說：雖然昨天、今天走在同一條路上的都是同一個人，卻由於他昨天與今天的遭遇不同，看在旁觀者的眼中，甚至在自己的感覺中，判若兩人。這一節的主旨是感嘆道路不變，人生無常，世事多變。第二節，第一行裏「不同的人」，應照字面的意思解：「同一條路」中的「路」，已經不是單純的路了！而是「一條最詭異的獸」——命運。第二節是感嘆禍福無常，卻把第一節的個人感傷，推廣到衆多人的憐憫。第三節舉了一個例子解釋第二段，爲什麼「沒有人知道自己究竟在向何處去」。

這樣就字面解，「路的變奏」似乎是對命運發出的感嘆，一首消極的作品；假若你眞的這樣想，就錯了！事實上，這首詩是詩人對不守法者的抗議：只不過詩人溫柔敦厚，抗議得太含蓄了！關鍵句子是第三節第二行，「突然，一輛超速的車撞了過來」；句中的「超速」，「撞」等詞字，都是詩人的抗議。第三節第一句中的「那人」原本是奔向「滿懷希望的前途」，怎麼能說他不知道「在向何處走」呢？答案是他明明奔向美好的前途，卻喪生車輪下，這那是他所能知道的哩。他走的明明是平坦的大道，爲什麼變成了「詭異的獸」呢？

答案是有人不守規則，不尊重他人的生命，開著車子超速橫衝直撞，行人隨時隨地都會喪命，以至他們走在路上，就像踩在毒蛇猛獸身上一樣。當然，車禍只是許多意外中的一種，詩人只是拿它作爲一個例子向所有的讀者說明：並沒有什麼命運之神在冥冥之中主宰我們的命運，絕大部分的不幸都是人爲的。而第二節第一行中「同一條路上」則暗示到處都是不守法的人，大家的命運都是相同的，都在受著目無法紀者的傷害，宛如走在同一條危險可怕的路上。我選的第三首詩是：

博物館

恐龍時代早已潮退
但見牠的形象猶在
且看遠古近代的履痕
聯袂來此聚會

一截斜倚在那角落的紅檜
說出歲月的輪子如何輾過那些朝代

一件件先民們的遺物
告訢我們如何從那草昧中跋涉過來

在那古樸的銅器陶器上
猶見那已過時代的光輝
從那飛舞的字，栩栩然的畫上
方知有一種生命並非時間能摧毀

走在這裏，彷彿漫步在時光隧道中
目睹了曩昔的風景，暗忖著未來
也許你在想：我們今天所有的
千百年後，有多少還在

這首詩很易懂。第一節寫博物館三字，說收藏聚集在此的古董，是恐龍時代以降，萬物與人類走過時間留下的履痕。第二節前兩行，詩人感嘆人世滄桑，暗示：富貴如浮雲；一個人的生命，更是短暫如朝生暮死的蜉蝣。後二行則說，他從先民的遺物中，體認文化如何一步一步前進；體認的結果是第三節的內容：只有藝術的生命，是時間所不能摧毀的。第四節則是詩人見到古人留下來的豐富文化成果後，所觸發的感慨，認爲我們必須認眞創作，將來才能留下一些成績；否則，恐怕會向歷史文化交白卷。這首詩不僅全詩結構嚴謹，詞句極美；詩想也是道道地地的詩人本色；的確是一首難得一見的好詩。下面，我們欣賞的一首是：

星

有一顆星
一直亮在我的前面
不論白晝或黑夜
都在我的心中灼灼然
他曾被囚於泥土的深層
經過諸般烈火的鍛鍊
只因執著那永不屈服的意志

終於燦然在天
當那些苦難與黑暗湧向我時
我就看到了那顆星的光輝
像一隻溫暖而有力的手
一步步引導我向前

也許若干年後
一個跋涉在荒野的人看見
我留在那裏的腳印，說
啊！已有人走在我之先

這首詩以「星」爲題，但，詩人所吟詠的顯然不是夜空的星星；因爲無論那一顆星，都不可能「不論白晝或黑夜／都在我心中灼灼然」。那麼，詩人筆下的「星」所象徵的是什麼呢？讀者很難確知。我們讀詩常會遇到這種情形；一日遇到這種情形，只好猜測，有時甚至連猜也無從猜起；讀李義山的無題詩就是很好的例子。不過，藍雲的「星」卻在詩中留下了不少線索，我們大可猜猜看。

由於「星」的第四節所寫的，好像是一種境界——一個前人所未曾到達的境界；詩人希望自己能在那裏留下腳印。但到底是關於那一方面的境界？由於詩人在他的詩集「奇蹟」的跋的開頭便說：「年輕的時候，我熱愛詩，可以說得上如醉如癡。」所以，我大膽地假設，詩人是希望自己的作品，能到達前無古人的境界；同時，我也認定「星」所代表的是「新詩」。墨人在「奇蹟」的序裏說，「在新詩誤入歧途，只有作者自己欣賞，使讀者陷入五里霧中，不知所云的那段相當漫長的日子裏，各報副刊都不登詩，中央副刊更不發表新詩作品，這是新詩作者自絕於人，自絕於社會，而不是報紙副刊對新詩的歧視。」「星」的第二節第一、二兩行，可能就是指新詩在這一期間所受的唾棄待遇而言。墨人在同一篇序中又說：幸好有不少作者不標新立異，不走偏鋒，以及大多數作者迷途知返，近年來詩壇風氣已逐漸轉變，逐漸回復正常狀態，報紙副刊也普遍接納新詩。「星」的第二節第三行，應該是指那些不標新立異的詩人——包括藍雲自己在內，以不屈服的意志，對抗當時的那陣歪風而言；第四行則說新詩又爲廣大的讀者所接納。以墨人的話證之「星」的第二節，就可知道我的大膽假設，雖不中亦不遠矣！作爲一個詩人，有這麼宏大的理想——寫一首空前的好詩，且默默努力去實踐自己的理想，不求聞達，的確令人敬佩；我認識這樣一位詩友，也的確是莫大的榮幸。

藍雲的長詩「奇蹟」、「永恆的火炬」也都寫得很好，惜篇幅有限，只好割愛。

——大同校訊第三九九期

後記

文學作品，內容與形式孰重？一如先有雞抑先有蛋的問題，每每公說公有理，婆說婆有理。論者各是其所是，各非其所非，很難找到一個標準答案。我並非崇尙形式主義者，卻寫了一些可說是形式相當整齊的詩。若問我爲什麼要這麼寫？我則要反詰：爲什麼不能這麼寫？誰規定詩必須怎麼寫呢？

原來寫詩，尤其是現代詩，並沒有一定的法則。雖然曾經有人制定了某種體式，如我國初唐以降的律詩絕句，西洋的商籟體等，但也有許多作品，並非這些體制下的產物。在詩的國度裏，奉行的是無政府主義。詩人是不愛穿制服的人。喜歡穿西裝，便穿西裝；愛著唐裝，就著唐裝。甚至有人昨天一襲港衫，今天竟一身牛仔打扮，也時有所見。同樣的題材，你可以這樣寫，他也可以那麼寫。如同一種魚，不是只能紅燒或煎煮，也可以清蒸或炙烤。既然如此，瀟灑不羈可以，矩步規行又有何妨？李白以豪放浪漫見稱，固然寫了許多古風樂府之類形式比較自由的作品，不也寫了若干形式嚴謹的律絕？過去曾有人爲「寫什麼，怎麼寫」而大作文章，似乎要爲從事寫作的人立法一般。我認爲那些高論姑妄聽之可以，卻不一定要奉爲圭臬。凡是略具寫作能力或享有寫作自由的人，應該都可以自己決定寫什麼，以及怎麼寫。基於作家與詩人的社會責任，爲顧及作品可能發生的負面影響，寫什麼的問題，也許值得探討，怎麼寫，則並不重要。只要寫得好，無論怎麼寫都可以。因爲詩不是數學，非循一定的公式不可。況且，怎麼寫才寫得好，也絕非知道怎麼寫了就一定會寫，或者寫得好。因爲「詩有別才，非關學問」。而作品的好或不好，也可能見仁見智，唯有「得失寸心知」了。

自學寫詩以來，雖然寫的不多，卻嘗試過各種不同類型的作品：有短的數行，長則數百行的；有字句參差，也有整齊如豆腐乾者。而像收在這集子裏，每首都是四段，每段一律四行（姑且稱之爲四四體）的，也寫了不少。這些作品之所以寫成這種形式，有的是刻意爲之，也有的是無意間形成的。至於究竟爲什麼會寫成這種形式？當初也許只是一時興之所至，後來不覺成了習慣，便自然而然地這樣寫了。其利弊如何，就用不著老王賣瓜，而讓讀者品評了。我也不願在此肯定地說：這種「四四體」的形式是我的最愛，因爲我還有許多出之以其他形式的作品。以後是否繼續以這樣的形式來寫，得看情形而定。實在說來，形式並不重要，決定作品好壞，主要的還是其內容。當然，最好是二美兼具。而我的這些作品，寫得並不好，沒有什麼可取之處，現在讓其出版問世，不過是「雪泥鴻爪」，在自己寫作的歷程中，留下一點痕跡而已。

這集子裏的作品，大部分選自過去已出版的三冊詩集，一部分是最近這幾年來所發表而尚未結集者。本想依其內容分輯編排，但經審度，有的作品因難以恰當地歸類，便決定按其寫作時間分爲五輯。輯一的十三篇作品（一九五六——一九八〇），前四篇係選自第一本詩集「萌芽集」，餘則選自第三本詩集「海韻」中。輯二（一九八三——一九八四）的前二十四篇選自第二本詩集「奇蹟」，另七篇則自「海韻」中而來。輯三（一九八五——一九八九）的二十篇全部出自「海韻」。輯四（一九九〇——一九九一）的前五篇仍屬「海韻」中作品，餘十四篇則爲尚未結集者。輯五（一九九二——）的十七篇則全係尚未結集者。如此分輯，並無什麼意義，只是便於界別寫作的時間而已。至於其內容，大都爲感懷抒情，也有一部分敘事寫景，以及少數幾篇含有諷諭者。自知表現技巧拙劣，內容也都很膚淺，沒有什麼價值可言。寫詩，對我來說，實未敢自詡有何抱負，也不敢以江湖賣藝者自居；不過是藉此抒發心聲，聊以自娛罷了。

承蒙飲譽國際的名作家，也是詩壇前輩墨人先生賜序；並承王牌兄引介給文史哲出版社，蒙其負責人彭正雄先生慨允出版，謹在此一併致以由衷的謝忱。附錄多年前墨人先生與諍友張朗兄給我打氣的兩篇鴻文，其中溢美之辭雖然是我所不敢當的，但我永遠不會忘記感謝他們所給予的鼓勵。最後，也要謝謝您肯犧牲寶貴的時間來讀這本集子。倘蒙不吝指教，自然更是感激。

一九九四年七月二十日於台北・板橋